일본인을 위한
日本人のための

가 나 한 글(I)
カ　ナ　ハン　グル

－한글입문　ハングル入門－

金 慶 淑 著

南斗圖書

남두(南斗) : 남두육성(南斗六星)

은하의 중심인 사수자리에 있는 국자모양의 여섯 개의 별로서, 인간의 탄생을 결정하는 별로 알려져 있다.

머·리·말

요즈음과 같이 문화교류가 활발한 시대에 있어 한국은 예로부터 일본과 가까운 나라로 밀접한 관계를 유지하면서 많은 이들이 한국을 오고 갔습니다. 이에 한국에 대한 관심이 점점 높아져, 한국어를 배우는 학생들은 물론 많은 이들이 한국어를 익히려고 하고 있습니다.

그래서 이 교재는 학생들은 물론 어떤 일에 종사하는 한글 초심자라도 입문에서 고급까지의 코스를 체계적으로 익힐 수 있도록 하였으며, 혼자서도 글을 쓰고 읽을 수 있도록 Ⅰ. 입문편 Ⅱ. 초급편으로 구성하였습니다.

이 책은 입문편으로 기초적인 한글문자와 발음을 중심으로 엮었으며, 모음자 21개, 자음자 19개 합쳐서 40개 문자를 쉽게 암기할 수 있도록 쓰기 연습도 겸하여 구성하였습니다. 우선 발음을 정확히 구별할 수 있어야 단어·문장·회화로 진행할 수 있으므로 기본 문자의 읽기와 쓰기의 정확도에 정성을 쏟았습니다. 또한 한글 읽기에 일본 가다가나로 발음기호를 넣어두어, 학습자가 혼자서도 쉽게 익힐 수 있도록 하였습니다.

이 교재가 여러 가지로 부족한 점이 많으나 한국어 학습자의 좋은 길잡이가 되었으면 합니다. 또한 이 책이 출간되기까지 여러 가지로 지원을 아끼지 않으신 일본의 벳부대학 니시무라 이사장님과 한국의 남두도서 사장님께도 감사드립니다.

金 慶 淑

序・言

以前にも増して、 文化交流が活発な韓国と日本は密接な関係を維持しながら多くの人々が両国間を往来している。更に、 日本人の韓国に対する関心がだんだん増しており、 韓国語を学ぶ学生だけでなく、 その他多くの人々も韓国語を学ぼうとしています。

この本は韓国語を学んでいる学生だけでなく、 どの職業の方でも、 入門者から高級者に至るまで韓国語を体系的に身につけられるように、 独学者でもハングルを書け、 読めるように編集されたものであります。

この教材は Ⅰ. 入門編、 Ⅱ. 初級編で構成されています。

本Ⅰ冊は入門編で基本的なハングル文字と発音を中心として綴り母音字19字あわせて40字を素早く暗記できるように、 そして書く練習もできるように構成しました。

発音を正確に区別することにより単語・文章・会話の力も伸びますので基本文字の読み書きの正確度に重点を置き、 尽力しました。

本書はハングルの読み方にカタカナで発音記号を入れて、 学習者が一人でも学ぶことができるようにしました。

最後に、 本書には足りない点も多いと思いますが、 韓国語学習者の方々にとって少しでもお役に立てれば幸いです。

また、 本書が出版されるにあたって多大な支援をして下さった別府大学西村駿一理事長及び、 南斗図書社長に対して感謝の意を表します。

金 慶 淑

目・次

제1장 한글 읽기(ハングルの読み方)・7

제2장 한글 쓰기(ハングルの書き方)・15

제3장 한글단어 익히기(ハングル単語練習)・47

제4장 기본표현(基本表現) · 69

제5장 대화편(対話篇) · 87

제1장

한글(ハングル) 읽기(イルキ)

(ハングルの読み方)

1. 모 음(母音)

ㅏ (a)	ㅑ (ya)	ㅓ (eo)	ㅕ (yeo)	ㅗ (o)
ㅛ (yo)	ㅜ (u)	ㅠ (yu)	ㅡ (eu)	ㅣ (i)
ㅐ (ae)	ㅒ (yae)	ㅔ (e)	ㅖ (ye)	ㅘ (wa)

ㅙ (wae)	ㅚ (oe)	ㅝ (wo)	ㅞ (we)	ㅟ (wi)	ㅢ (ui)

2. 자 음(子音)

チャウン

ㄱ (g,k)	ㄴ (n)	ㄷ (d,t)	ㄹ (r,l)	ㅁ (m)	ㅂ (b,p)	ㅅ (s)
ㅇ (ng)	ㅈ (j)	ㅊ (ch)	ㅋ (k)	ㅌ (t)	ㅍ (p)	ㅎ (h)

3. 겹자음(濃音)

キョンチョウン

ㄲ (gg)	ㄸ (dd)	ㅃ (bb)	ㅆ (ss)	ㅉ (jj)

ヂャウン　モウン

4. 자음+모음(子音+母音)

	(k/g) ㄱ	(n) ㄴ	(t/d) ㄷ	(r/l) ㄹ	(m) ㅁ	(p/b) ㅂ
ㅏ (a) ア	**가** (ka) カ	**나** (na) ナ	**다** (da) ダ	**라** (ra) ラ	**마** (ma) マ	**바** (ba) パ
ㅑ (ja) ヤ	**갸** (kja) キャ	**냐** (nja) ニャ	**댜** (tja) ティャ	**랴** (rja) リャ	**먀** (mja) ミャ	**뱌** (bja) ピャ
ㅓ (ɔ) オ	**거** (kɔ) コ	**너** (nɔ) ノ	**더** (tɔ) ト	**러** (rɔ) ロ	**머** (mɔ) モ	**버** (bɔ) ポ
ㅕ (jɔ) ヨ	**겨** (kjɔ) キョ	**녀** (njɔ) ニョ	**뎌** (tjɔ) ティョ	**려** (rjɔ) リョ	**며** (mjɔ) ミョ	**벼** (bjɔ) ピョ
ㅗ (o) オ	**고** (ko) コ	**노** (no) ノ	**도** (to) ト	**로** (ro) ロ	**모** (mo) モ	**보** (bo) ポ
ㅛ (jo) ヨ	**교** (kjo) キョ	**뇨** (njo) ニョ	**됴** (tjo) ティョ	**료** (rjo) リョ	**묘** (mjo) ミョ	**뵤** (bjo) ピョ
ㅜ (u) ウ	**구** (ku) ク	**누** (nu) ヌ	**두** (tu) トゥ	**루** (ru) ル	**무** (mu) ム	**부** (bu) プ
ㅠ (ju) ユ	**규** (kju) キュ	**뉴** (nju) ニュ	**듀** (tju) ティュ	**류** (rju) リュ	**뮤** (mju) ミュ	**뷰** (bju) ピュ
ㅡ (ɯ) ウ	**그** (kɯ) ク	**느** (nɯ) ヌ	**드** (tɯ) トゥ	**르** (rɯ) ル	**므** (mɯ) ム	**브** (bɯ) プ
ㅣ (i) イ	**기** (ki) キ	**니** (ni) ニ	**디** (ti) ティ	**리** (ri) リ	**미** (mi) ミ	**비** (bi) ピ

(s/ʃ) ㅅ	(ゼロ/ɦ) ㅇ	(ʧ/ʤ) ㅈ	(ʧh) ㅊ	(kh) ㅋ	(th) ㅌ	(ph) ㅍ	(h) ㅎ
사 (sa) サ	아 (a) ア	자 (ʧa) ヂャ	차 (ʧha) チャ	카 (kha) カ	타 (tha) タ	파 (pha) パ	하 (ha) ハ
샤 (ʃa) シャ	야 (ja) ヤ	쟈 (ʧa) ヂャ	챠 (ʧha) チャ	캬 (khja) キャ	탸 (thja) ティャ	퍄 (phja) ピャ	햐 (hja) ヒャ
서 (sɔ) ソ	어 (ɔ) オ	저 (ʧɔ) ヂョ	처 (ʧhɔ) チョ	커 (khɔ) コ	터 (thɔ) ト	퍼 (phɔ) ポ	허 (hɔ) ホ
셔 (ʃɔ) ショ	여 (jɔ) ヨ	져 (ʧɔ) ヂョ	쳐 (ʧhɔ) チョ	켜 (khjɔ) キョ	텨 (thjɔ) ティョ	펴 (phjɔ) ピョ	혀 (hjɔ) ヒョ
소 (so) ソ	오 (o) オ	조 (ʧo) ヂョ	초 (ʧho) チョ	코 (kho) コ	토 (tho) ト	포 (pho) ポ	호 (ho) ホ
쇼 (ʃo) ショ	요 (jo) ヨ	죠 (ʧo) ヂョ	쵸 (ʧho) チョ	쿄 (khjo) キョ	툐 (thjo) ティョ	표 (phjo) ピョ	효 (hjo) ヒョ
수 (su) ス	우 (u) ウ	주 (ʧu) ヂュ	추 (ʧhu) チュ	쿠 (khu) ク	투 (thu) トゥ	푸 (phu) プ	후 (hu) フ
슈 (ʃu) シュ	유 (ju) ユ	쥬 (ʧu) ヂュ	츄 (ʧhu) チュ	큐 (khju) キュ	튜 (thju) ティュ	퓨 (phju) ピュ	휴 (hju) ヒュ
스 (sɯ) ス	으 (ɯ) ウ	즈 (ʧɯ) ヂュ	츠 (ʧhɯ) チュ	크 (khɯ) ク	트 (thɯ) トゥ	프 (phɯ) プ	흐 (hɯ) フ
시 (ʃi) シ	이 (i) イ	지 (ʧi) ヂ	치 (ʧhi) チ	키 (khi) キ	티 (thi) ティ	피 (phi) ピ	히 (hi) ヒ

5. 자음+이중모음(子音+二重母音)

(Furigana: ヂャウン 자음, イヂュンモウン 이중모음)

	ㅐ (ae)	ㅒ (yae)	ㅔ (e)	ㅖ (ye)	ㅘ (wa)	ㅙ (wae)	ㅚ (oe)	ㅝ (wo)	ㅞ (we)	ㅟ (wi)	ㅢ (ui)
ㄱ (g/k)	개	걔	게	계	과	괘	괴	궈	궤	귀	긔
ㄴ (n)	내	냬	네	녜	놔	놰	뇌	눠	눼	뉘	늬
ㄷ (t/d)	대	댸	데	뎨	돠	돼	되	둬	뒈	뒤	듸
ㄹ (r/l)	래	럐	레	례	롸	뢔	뢰	뤄	뤠	뤼	릐
ㅁ (m)	매	먜	메	몌	뫄	뫠	뫼	뭐	뭬	뮈	믜
ㅂ (p/b)	배	뱨	베	볘	봐	봬	뵈	붜	붸	뷔	븨
ㅅ (s/ʃ)	새	섀	세	셰	솨	쇄	쇠	숴	쉐	쉬	싀
ㅇ (ɦ)	애	얘	에	예	와	왜	외	워	웨	위	의
ㅈ (ʧ/ʤ)	재	쟤	제	졔	좌	좨	죄	줘	줴	쥐	즤
ㅊ (ʧh)	채	챼	체	쳬	촤	쵀	최	춰	췌	취	츼
ㅋ (kh)	캐	컈	케	켸	콰	쾌	쾨	쿼	퀘	퀴	킈
ㅌ (th)	태	턔	테	톄	톼	퇘	퇴	퉈	퉤	튀	틔
ㅍ (ph)	패	퍠	페	폐	퐈	퐤	푀	풔	풰	퓌	픠
ㅎ (h)	해	햬	헤	혜	화	홰	회	훠	훼	휘	희

6. 겹자음＋모음(キョンヂョウン＋母音)

(キョンヂョウン over 겹자음, モウン over 모음)

	ㄲ (gg)	ㄸ (dd)	ㅃ (bb)	ㅆ (ss)	ㅉ (jj)
ㅏ (a)	까	따	빠	싸	짜
ㅑ (ya)	꺄	땨	뺘	쌰	쨔
ㅓ (eo)	꺼	떠	뻐	써	쩌
ㅕ (yeo)	껴	뗘	뼈	쎠	쪄
ㅗ (o)	꼬	또	뽀	쏘	쪼
ㅛ (yo)	꾜	뚀	뾰	쑈	쬬
ㅜ (u)	꾸	뚜	뿌	쑤	쭈
ㅠ (yu)	뀨	뜌	쀼	쓔	쮸
ㅡ (eu)	꾸	뜨	쁘	쓰	쯔
ㅣ (i)	끼	띠	삐	씨	찌

제2장

ハングル　スーギ

한글 쓰기

(ハングルの書き方)

1. 모음 쓰기(母音の書き) 1

モウン スーギ

ㅏ 아(a)	ㅏ					
	아					
ㅑ 야(ya)	ㅑ					
	야					
ㅓ 어(eo)	ㅓ					
	어					
ㅕ 여(yeo)	ㅕ					
	여					
ㅗ 오(o)	ㅗ					
	오					
ㅛ 요(yo)	ㅛ					
	요					
ㅜ 우(u)	ㅜ					
	우					
ㅠ 유(yu)	ㅠ					
	유					
ㅡ 으(eu)	ㅡ					
	으					
ㅣ 이(i)	ㅣ					
	이					

2. 모음 쓰기(母音の書き) 2

(モウン スーギ)

모음						
ㅐ 애(ae)	ㅐ					
	애					
ㅒ 얘(yae)	ㅒ					
	얘					
ㅔ 에(e)	ㅔ					
	에					
ㅖ 예(ye)	ㅖ					
	예					
ㅘ 와(wa)	ㅘ					
	와					
ㅙ 왜(wae)	ㅙ					
	왜					
ㅚ 외(oe)	ㅚ					
	외					
ㅝ 워(wo)	ㅝ					
	워					
ㅞ 웨(we)	ㅞ					
	웨					
ㅟ 위(wi)	ㅟ					
	위					
ㅢ 의(ui)	ㅢ					
	의					

3. 자음 쓰기(子音の書き)

チャウン スーギ

ㄱ (g,k)	ㄱ					
	가					
ㄴ (n)	ㄴ					
	나					
ㄷ (d,t)	ㄷ					
	다					
ㄹ (r,l)	ㄹ					
	라					
ㅁ (m)	ㅁ					
	마					
ㅂ (b,p)	ㅂ					
	바					
ㅅ (s)	ㅅ					
	사					
ㅇ (ng)	ㅇ					
	아					

ㅈ (j)	ㅈ						
	자						
ㅊ (ch)	ㅊ						
	차						
ㅋ (k)	ㅋ						
	카						
ㅌ (t)	ㅌ						
	타						
ㅍ (p)	ㅍ						
	파						
ㅎ (h)	ㅎ						
	하						

モウン ヂャウン スーギ

4. 모음·자음 쓰기(母音・子音の書き)

a	ya	eo	yeo	o	yo	u	yu	eu	i
ㅏ	ㅑ	ㅓ	ㅕ	ㅗ	ㅛ	ㅜ	ㅠ	ㅡ	ㅣ
ㅏ	ㅑ	ㅓ	ㅕ	ㅗ	ㅛ	ㅜ	ㅠ	ㅡ	ㅣ

ア	ヤ	オ	ヨ	オ	ヨ	ウ	ユ	ウ	イ
아	야	어	여	오	요	우	유	으	이
아	야	어	여	오	요	우	유	으	이

g, k	n	d, t	r, l	m	b, p	s	ng	j	ch
ㄱ	ㄴ	ㄷ	ㄹ	ㅁ	ㅂ	ㅅ	ㅇ	ㅈ	ㅊ
ㄱ	ㄴ	ㄷ	ㄹ	ㅁ	ㅂ	ㅅ	ㅇ	ㅈ	ㅊ

k	t	p	h	gg	dd	bb	ss	jj
ㅋ	ㅌ	ㅍ	ㅎ	ㄲ	ㄸ	ㅃ	ㅆ	ㅉ
ㅋ	ㅌ	ㅍ	ㅎ	ㄲ	ㄸ	ㅃ	ㅆ	ㅉ

5. 자음·모음 쓰기(子音・母音の書き)

(チャウン モウン スーギ)

ガ	ナ	ダ	ラ	マ	バ	ザ	ア	ヂャ	チャ
가	**나**	**다**	**라**	**마**	**바**	**사**	**아**	**자**	**차**
가	나	다	라	마	바	사	아	자	차

ガ	タ	パ	ハ	ガ	ダ	バ	ザ	ゲャ
카	**타**	**파**	**하**	**까**	**따**	**빠**	**싸**	**짜**
카	타	파	하	까	따	빠	싸	짜

ガ	キャ	コ	キョ	コ	キョ	ク	キュ	ク	キ
가	갸	거	겨	고	교	구	규	그	기
가	갸	거	겨	고	교	구	규	그	기

ナ	ニャ	ノ	ニョ	ノ	ニョ	ヌ	ニュ	ヌ	ニ
나	냐	너	녀	노	뇨	누	뉴	느	니
나	냐	너	녀	노	뇨	누	뉴	느	니

ダ	ティャ	ト	ティョ	ト	ティョ	トゥ	ドゥ	トゥ	ティ
다	**댜**	**더**	**뎌**	**도**	**됴**	**두**	**듀**	**드**	**디**
다	댜	더	뎌	도	됴	두	듀	드	디

ラ	リャ	ロ	リョ	ロ	リョ	ル	リュ	ル	リ
라	랴	러	려	로	료	루	류	르	리
라	랴	러	려	로	료	루	류	르	리

マ	ミャ	モ	ミョ	モ	ミョ	ム	ミュ	ム	ミ
마	먀	머	며	모	묘	무	뮤	므	미
마	먀	머	며	모	묘	무	뮤	므	미

バ	ピャ	ポ	ピョ	ポ	ピョ	プ	ピュ	プ	ピ
바	뱌	버	벼	보	뵤	부	뷰	브	비

ザ	シャ	ソ	ショ	ソ	ショ	ス	シュ	ス	シ
사	샤	서	셔	소	쇼	수	슈	스	시
사	샤	서	셔	소	쇼	수	슈	스	시

ア	ヤ	オ	ヨ	オ	ヨ	ウ	ユ	ウ	イ
아	**야**	**어**	**여**	**오**	**요**	**우**	**유**	**으**	**이**
아	야	어	여	오	요	우	유	으	이

チャ	チャ	チョ	チョ	チョ	チョ	チュ	チュ	チュ	チ
자	쟈	저	져	조	죠	주	쥬	즈	지
자	쟈	저	져	조	죠	주	쥬	즈	지

チャ	チャ	チョ	チョ	チョ	チョ	チュ	チュ	チュ	チ
차	챠	처	쳐	초	쵸	추	츄	츠	치
차	챠	처	쳐	초	쵸	추	츄	츠	치

カ	キャ	コ	キョ	コ	キョ	ク	キュ	ク	キ
카	캬	커	켜	코	쿄	쿠	큐	크	키
카	캬	커	켜	코	쿄	쿠	큐	크	키

タ	ティャ	ト	ティョ	ト	ティョ	トゥ	ティュ	トゥ	ティ
타	탸	터	텨	토	툐	투	튜	트	티
타	탸	터	텨	토	툐	투	튜	트	티

パ	ピャ	ポ	ピョ	ポ	ピョ	プ	ピュ	プ	ピ
파	퍄	퍼	펴	포	표	푸	퓨	프	피
파	퍄	퍼	펴	포	표	푸	퓨	프	피

ハ	ヒャ	ホ	ヒョ	ホ	ヒョ	フ	ヒュ	フ	ヒ
하	햐	허	혀	호	효	후	휴	흐	히
하	햐	허	혀	호	효	후	휴	흐	히

ガ	キャ	コ	キョ	コョ	キョ	ク	キュ	ク	キ
까	꺄	꺼	껴	꼬	꾜	꾸	뀨	끄	끼
까	꺄	꺼	껴	꼬	꾜	꾸	뀨	끄	끼

ダ	ティャ	ド	ティョ	ド	ティョ	トゥ	テュ	トゥ	ティ
따	땨	떠	뗘	또	뚀	뚜	뜌	뜨	띠
따	땨	떠	뗘	또	뚀	뚜	뜌	뜨	띠

バ	ピャ	ポ	ピョ	ポ	ピョ	プ	ピュ	プ	ピ
빠	뺘	뻐	뼈	뽀	뾰	뿌	쀼	쁘	삐
빠	뺘	뻐	뼈	뽀	뾰	뿌	쀼	쁘	삐

ザ	シャ	ソ	ショ	ソ	ショ	ス	シュ	ス	シ
싸	**쌰**	**써**	**쎠**	**쏘**	**쑈**	**쑤**	**쓔**	**쓰**	**씨**
싸	쌰	써	쎠	쏘	쑈	쑤	쓔	쓰	씨

ヂャ	チャ	チョ	チョ	チョ	チョ	チュ	チュ	チュ	チ
짜	쨔	쩌	쪄	쪼	쬬	쭈	쮸	쯔	찌
짜	쨔	쩌	쪄	쪼	쬬	쭈	쮸	쯔	찌

제3장

한글단어 익히기

ハングルタンオ イッヒーギ

(ハングル単語練習)

1. 단모음 익히기(単母音 練習)

タンモウン イッヒーギ

모음				
아 (a/ア)	아	아		
어 (eo/オ)	어	어		
오 (o/オ)	오	오		
우 (u/ウ)	우	우		
으 (eu/ウ)	으	으		
이 (i/イ)	이	이		

- **아이**(ai/アイ) 子供
- **오이**(oi/オイ) きゅうり
- **우유**(uyu/ウユ) 牛乳
- **이사**(isa/イサ) 引っ越し
- **가구**(kagu/カグ) 家具
- **하나**(hana/ハナ) 一つ
- **가수**(kasu/カス) 歌手
- **나**(na/ナ) ぼく，わたし
- **노래**(norɛ/ノレ) 歌
- **도구**(togu/トグ) 道具
- **도시**(toʃi/トシ) 都市
- **부부**(pubu/プブ) 夫婦
- **우리**(uri/ウリ) ぼくたち
- **머리**(mɔri/モリ) 頭

- **소비**(sobi/ソビ) 消費
- **모자**(moʤa/モジャ) 帽子
- **자리**(ʧari/チャリ) 席
- **어머니**(ɔmɔni/オモニ) 母
- **솥**(sɔt/ソッ) 釜
- **허리**(hɔri/ホリ) 腰
- **아버지**(abɔʤi/アボジ) 父
- **주소**(ʧuso/チュソ) 住所
- **트리오**(trio/トゥリオ) トリオ
- **바다**(pada/パダ) 海
- **수도**(sudo/スド) 首都, 水道

단어				
아이 子供(アイ)	아이	아이		
오이 きゅうり(オイ)	오이	오이		
우유 牛乳(ウユ)	우유	우유		
이사 引っ越し(イサ)	이사	이사		
가구 家具(カグ)	가구	가구		
하나 一つ(ハナ)	하나	하나		
가수 歌手(カス)	가수	가수		

단어				
나 わたし、 ぼく(ナ)	나	나		
노래 歌(ノレ)	노래	노래		
도구 道具(トグ)	도구	도구		
도시 都市(トシ)	도시	도시		
부부 夫婦(プブ)	부부	부부		
우리 ぼくたち(ウリ)	우리	우리		
머리 頭(モリ)	머리	머리		

소비 消費(ソビ)	소비	소비		
모자 帽子(モジャ)	모자	모자		
자리 席(チャリ)	자리	자리		
어머니 母(オモニ)	어머니	어머니		
솥 釜(ソッ)	솥	솥		
허리 腰(ホリ)	허리	허리		
아버지 父(アボジ)	아버지	아버지		

주소 住所(チュソ)	주소	주소		
트리오 トリオ(トゥリオ)	트리오	트리오		
바다 海(パダ)	바다	바다		
수도 首都, 水道(スド)	수도	수도		

イヂュンモウン タンオ イッヒーギ

2. 이중모음 단어 익히기(二重母音 単語 練習) 1

야 (ya/ヤ)	야	야		
여 (yɔ/ヨ)	여	여		
요 (yo/ヨ)	요	요		
유 (yu/ユ)	유	유		
예 (ye/イェ)	예	예		
얘 (yɛ/イェ)	얘	얘		

- **요리**(yori/ヨリ) 料理
- **겨우**(kyɔu/キョウ) やっと
- **여자**(yɔʤa/ヨジャ) 女の人
- **야구**(yagu/ヤグ) 野球
- **벼**(pyɔ/ピョ) 稲
- **휴대**(hyudɛ/ヒュデ) 携帯
- **교사**(kyosa/キョサ) 教師
- **유리**(yuri/ユリ) がらす
- **혀**(hyɔ/ヒョ) 舌
- **묘사**(myosa/ミョサ) 描写
- **며느리**(myɔnɯri/ミョヌリ) 嫁

단어	보기	따라 쓰기		
요리 料理(ヨリ)	요리	요리		
겨우 やっと(キョウ)	겨우	겨우		
여자 女の人(ヨジャ)	여자	여자		
야구 野球(ヤグ)	야구	야구		
벼 稲(ピョ)	벼	벼		
휴대 携帯(ヒュデ)	휴대	휴대		

단어				
교사 教師(キョサ)	교사	교사		
유리 ガラす(ユリ)	유리	유리		
혀 舌(ヒョ)	혀	혀		
묘사 描写(ミョサ)	묘사	묘사		
며느리 嫁(ミョヌリ)	며느리	며느리		

3. 이중모음 단어 익히기(二重母音 単語 練習) 2

(イヂュンモウン ダンオ イッヒーギ)

와 (wa/ワ)	와	와		
위 (wi/ウィ)	위	위		
왜 (wɛ/ウェ)	왜	왜		
웨 (we/ウェ)	웨	웨		
외 (we/ウェ)	외	외		
워 (wɔ/ウォ)	워	워		
의 (wi/ウィ)	의	의		

- **뒤**(twi/トゥィ) 後ろ
- **귀**(kwi/クィ) 耳
- **뭐**(mwɔ/ムォ) 何
- **돼지**(twɛʤi/トゥィジ) 豚
- **과거**(kwagɔ/クヮゴ) 過去
- **위**(wi/ウィ) 上
- **의자**(ɯiʤa/ウィジャ) 椅子
- **왜**(wɛ/ウェ) なぜ
- **화가**(hwaga/ファガ) 画家
- **쥐**(ʧwi/チュィ) ねずみ

뒤 後ろ(トゥィ)	뒤	뒤		
귀 耳(クイ)	귀	귀		
뭐 何(ムォ)	뭐	뭐		
돼지 豚(トゥィジ)	돼지	돼지		
과거 過去(クヮゴ)	과거	과거		
위 上(ウィ)	위	위		

의자 椅子(ウィジャ)	의자	의자		
왜 なぜ(ウェ)	왜	왜		
화가 画家(ファガ)	화가	화가		
쥐 ねずみ(チュイ)	쥐	쥐		

バッチム インタン ダンオ イッヒーギ

4. 받침 있는 단어 익히기(バッチム単語 練習)

- **국**(kook/グッ) スープ
- **부엌**(booeok/フーオク) 台所
- **밖**(bak/バッ) 外
- **닫다**(datda/ダッダ) 閉める
- **밭**(bat/ベッ) 畑
- **옷**(oct/オッ) 服
- **있다**(itta/イッダ) ある・いる
- **낮**(nat/ナッ) 昼
- **꽃**(got/ゴッ) 花
- **좋다**(joda/チョッダ) よい
- **넋**(nuk/ノッ) たましい
- **값**(gap/ガッ) 値段
- **앉다**(anda/アンダ) 座る
- **많다**(manda/マンダ) 多い
- **넓다**(nulda/ノルダ) 広い

- 돌(dol/トル) 1周年
- 핥다(hatda/ハルダ) なめる
- 잃다(ilda/イルダ) なくす
- 닭(dak/ダッ) にわとり
- 젊다(jumda/チョンダ) 若い
- 밟다(babda/ペルダ) 踏む

국 スープ(グッ)	국			
부엌 台所(ブーオ)	부엌			
밖 外(バッ)	밖			
닫다 閉める(ダッダ)	닫다			
밭 畑(バッ)	밭			
옷 服(オッ)	옷			
있다 ある・いる(イッダ)	있다			
낮 昼(ナッ)	낮			
꽃 花(ゴッ)	꽃			
좋다 よい(チョッダ)	좋다			

넋 たましい(ノッ)	넋			
값 値段(ガッ)	값			
앉다 座る(アンダ)	앉다			
많다 多い(マンダ)	많다			
넓다 広い(ノルダ)	넓다			
돌 1周年(トル)	돌			
핥다 なめる(ハルダ)	핥다			
잃다 なくす(イルダ)	잃다			
닭 にわとり(ダッ)	닭			
젊다 若い(チョンダ)	젊다			
밟다 踏む(パルダ)	밟다			

제4장

ギボンピョーヒョン

기본표현

(基本表現)

キボン ビョーヒョン
1. 기본표현(基本表現)

안녕하세요?(안녕하십니까?)
アンニョンハセヨ(アンニョンハシムニカ)
こんにちは、
おはようございます、
ごんばんは。

안녕히 가세요.
アンニョンヒ カセヨ(行く人に對して)
안녕히 계세요.
アンニョンヒ ケセヨ(殘る人に對して)
さようなら。

고맙습니다./감사합니다.
ゴマッスムニダ/ガムサハムニダ
ありがとう。

네./아뇨.
ネー/ アニョ
はい。/いいえ。

좋아요.(좋습니다.)
チョアヨ(チョッスムニダ)
안 돼요.(안 됩니다.)
アンデヨ(アンデミダ)
いいです。/だめです。

있어요.(있습니다.)
イッソヨ(イッスムニダ)
あります。
/없어요.(없습니다.)
/オプソヨ(オプスムニダ)
/ないです。

처음 뵙겠습니다.
チョウム ベッゲッスムニダ

はじめまして。(はじめてお目にかかります。)

여보세요.
ヨボセヨ

もしもし。(ちょっと、すみません。)

미안합니다.
ミアナミダ

すみません。

괜찮아요.
ケンチャナヨ

大丈夫です。結構です。

~해도 괜찮아요.(좋아요?)
~ヘド ケンチャナヨ(チョアヨ)

~してもよいですか。

~하고 싶은데요.
~ハゴシップデヨ

~したいのですが。

얼마예요?(얼마입니까?)
オルマエヨ (オルマイムニカ)

いくらですか。

주세요./~해 주세요.
チュウセヨ/~ヘ チュセヨ

下さい/~してください。

~합시다.
ハプシダ

~しましょう。

필요 없어요.
ピリョ オプソヨ

要りません。

이것 뭐예요?/~ 예요. イゴ ムォエヨ/ ~エヨ	これはな何ですか。/~です。
~은 어디예요? ~ン オディエヨ	~はどこですか。
어디에 있어요? オディエ イッソヨ	とこにありますか。
	(または助詞なしでも通じます'~は' '~が')
아세요(아십니까?)/알았습니까? アセヨ(アシムニカ)/ アラッスムニカ	わかりますか。/わかりましたか。
도와 주세요. ドワ ヂュセヨ	手伝ってください。

2. 아침인사(朝のあいさつ)
アチムインサ

○ 집에서(家庭では)

잘 잤어요? よく寝ましたか。
チャル チャッソヨ

잘 주무셨습니까?
チャル チュムショッスムニカ

일어났어요?/일어나셨습니까? 起きましたか。
イロナッソヨ/ イロナショッスムニカ

○ 직장에서(職場では)

나오셨습니까? 出て来られましたか。
ナオショッスミカ

○ 기타(その他)

아침식사 하셨어요? 朝ごはん食べられましたか。
アチムシクサ ハショッソヨ

진지 드셨어요? ご飯召し上がりましたか。
チンジ トゥショッソヨ

3. 헤어질 때 인사(別れのあいさついろいろ)

ヘーオチル テ インサ

건강하세요. 健康で(お過ごしください)。

コンガンハセヨ

잘 지내세요. お元気でお過ごしください。

チャル チネセヨ

몸 조심하세요. 体に気を付けて。

モム チョシムハセヨ

또 만납시다. またお会いしましょう。

ト マンナプシダ

또 오세요. また来てください。

ト オセヨ

또 오겠습니다. また来ます。

ト オゲッスムニダ

4. 감사인사(カムサインサ)(お礼の言葉いろいろ)

고마웠습니다. コマウォッスムニダ	ありがとうございます。
감사했습니다. カムサヘッスムニダ	ありがとうございました。
수고하세요. スゴハセヨ	ご苦労さまです。
수고하셨습니다. スゴハショッスムニダ	ご苦労様でした。
신세졌습니다. シンセジョッスムニダ	お世話になりました。
덕분에 ドッブネ	おかげさまで
잘 지냈습니다. チャル チネッスムニダ	楽しく過ごしました。

5. 감사의 답례(お礼を言われた時は)

カムサウォ　タンレ

천만에요.
チョンマネヨ

どういたしまして。

6. 대답(テーダッ)(返事のいろいろ)

예. イェー(ネーより少しかたい感じがします)	はい。
그렇습니다. グロッスムニダ	そうです。
아니에요.(아닙니다.) アニエヨ(アニムニダ)	違います。

7. 첫대면 인사(初めての挨拶いろいろ)
チョテミョン インサ

반갑습니다.
パンかップスムニダ
(お会いできて)うれしいです。

잘 부탁합니다.
チャル プッカカムニダ
よろしくお願いします。

잘 오셨습니다.
チャル オショッスムニダ
よくいらっしゃいました。

マウル クル テ
8. 말을 걸 때(声をかけるとき)

잠깐만요. ちょっと。
チャンカンマンヨ

여기요. こちら。(お願いします。)
ヨギヨ

9. 용서를 구할 때(わびる言葉のいろいろ)

ヨンソル クハル テ

미안하지만. すみんせんが。

ミアンハジマン

실례했습니다. 失礼しました。

シッレ(失禮)ヘッスムニダ

죄송합니다. 申し訳ありません。

チェソンハムニダ(とても丁寧な言い方)

용서해 주세요. 許してください。

ヨンソヘ ヂュセヨ

10. 용서의 답례어(色々な表現)

ヨンソウォ　タンレオ

괜찮습니다. 大丈夫です。

ゲンチャンスムニダ(丁寧な表現)

괜찮습니까? 大丈夫ですか。

ケンチャンスムニカ(丁寧な疑問形)

○숫자표현(数字)

일	이	삼	사	오	육	칠	팔	구
イル	イー	サム	サー	オー	リュッ(ユッ)	チル	パル	ク
1	2	3	4	5	6	7	8	9

십	백	천	만	이십	삼십사	오백구십
シップ	ペク	チョン	マン	イーシップ	サムシップ	オーベク クシップ
10	百	千	万	20	34	590

○돈・화폐 헤아리는 법

백 원	천 원	만 원	삼만오천육백 원
ペグォン	チョノン	マノン	サマン オーチョン ユッペグォン
百ウォン	千ウォン	万ウォン	3万5千6百ウォン

ゴチョルハ テ ピョーヒョン

11. 거절할 때 표현(断りかたいろいろ)

싫어요. 嫌よ。
シロヨ

하지 마세요. しないでください。
ハジ マセヨ

그만하세요. 止めてください。
グマンハセヨ

○ 지시어(指示語)

이○○	그○○	저○○	어느○○
イ○○	ク○○	チョ○○	オヌ○○
この○○	その○○	あの○○	どの○○

12. 물음에 답하는 법(答え方)

ムルウォ タッハーヌン ポプ

알아요.(압니다.)
アラヨ(アムニダ)

わかります。(そのことについて既に知っています。)

알았어요.(알았습니다.)
アラッソヨ(アラッスムニダ)

わかりました。(相手の言うことが理解できだ。)

몰라요.(모르겠습니다.)
モッラヨ(モルゲッスムニダ)

わかりません。

13. 부탁, 도움을 청하는 말(困った時の頼み方)

ブタック トウムウル チョンハーヌン マル

부탁합니다. お願いします。
ブッタクカムニダ

살려 주세요. 助けてください。
サッリョ ヂュセヨ
(かなり深刻な問題を頼む時によくつかいます)

길 잃었어요. 道に迷いました。
キル イロッソヨ
(미아가 됐어요.) (迷子になりました。)
(ミアガ テッソヨ)

몸이 아파요. 具合いが悪いです。
モミ アパヨ
(배가, 머리가, 이가) (お腹が、頭が、歯が)
(ペガ、モリガ、イガ)

경찰(앰뷸런스)을 警察(救急車)を
キョンチャ(エンブロンス)ル
불러 주세요. 呼んでください。
プッロ ヂュセヨ

14. 기타(いろいろな言い方)

ギッタ

맛있어요./맛이 없어요. 味があります。→おいしい。
マシィソヨ/ マシオプソヨ 味がありません。→おいしくない

제5장

テーファピョン

대화편

(対話篇)

ソ　ゲ
1. 소 개(紹介)

야마모토상 오래간만이에요.
ヤマモトサン　オレガンマンニエヨ
山本さんおひさしぶりですね。

정말, 잘 있었어요?
チョンマル、チャル イッソッソヨ
本当に、お元気でしたか。

네, 덕분에요.
ネー、トップネヨ
はい、おかげさまで。

타나카 유키상이에요.
タナカ ユキサンエヨ
田中由紀さんです。

처음 뵙겠습니다.
チョウン ベッケッスムニダ
初めまして。

잘 오셨습니다.
チャル オショッスムニダ
良くいらっしゃいました。

남대문 시장에 갑시다.
ナムデムン シジャンエ カプシダ
南大門市場に行ってみましょう。

여기서 멀어요?
ヨギソ モロヨ
ここから遠いですか。

아뇨, 걸어서 십분 정도예요. いいえ、歩いて10分ぐらいです。
アニョ、 コロソ シップン チョンドエヨ

가고 싶었어요. 行きたいとおもっていました。
カゴ シッポッソヨ

2. 약 속(約束)
ヤッ ソク

예정은 어떻게 돼 있어요? イェジョンヌン オットッケ テオ イッソヨ	予定はどうなっていますか。
내일은 민속촌에 가요. ネイルン ミンソクチョネガヨ	明日は民俗村に行きます。
모레는 프리예요. モレヌン プリイエヨ	あさってはプリ―です。
오세요. オセヨ	いらっしゃい。
폐가 되지 않으세요? ペガ デジ アヌセヨ	ご迷惑ではありませんか。
천만에요. チョンマネヨ	とんでもない。
아내도 만나고 싶다고 해요. アネド マンナゴ シッタゴ ヘヨ	妻(家内)もあいたいがっています。
어머나 기대되네요. オモナ(女性ことば) キデ デネヨ	まあ、楽しみです。

지하철 탈 줄 아세요? 地下鉄に乗れますか。
チハチョル タル チュル アセヨ

네, 괜찮아요. はい、大丈夫です。
ネー、ケンチャナヨ

제일 가까운 역 이름은 一番近い駅の名は
チェイル カッカウン ヨグ イルムン
뭐예요? 何ですか。
ムォエヨ

일호선의 회기라는 역인데요. 一号線のフェギトという駅です。
イルホソンネ フェギラヌン ヨギンデヨ

이 지도의 어디예요? この地図のどこですか。
イチドエ オディエヨ

3. 이웃(隣)

イー ウッ

(중앙)우체국은
(チュンアン)ウチェグクン
(中央)郵便局は

어디에 있습니까?
オディ エイッすムニカ
どこにありますか。

신호를 오른쪽으로 가서
シノルル オルンチョクロ カソ
信号を右に曲がって。

왼쪽에 있습니다.
ウェンチョゲ イッスムニダ
左にあります。

우표를 주세요.
ウピョルル チュセヨ
切手を下さい。

얼마짜리예요?
オルマチャリエヨ
いくらのですか。

일본에 그림엽서 다섯 장
イルボネ クリムヨプソ タソッちゃん
보내고 싶은데요.
ボネゴ シップンデヨ
日本に絵葉書を5枚送りたいのですが。

기념우표 있습니까?
キニョン ウピョ イッスムニか
記念切手はありますか。

여기는 없어요.
ヨギヌン オプソヨ
ここにはありません。

오층으로 가세요.
オチュンウロ カセヨ
5階に行ってください。

소포용으로 포장해 주세요.
ソポヨンウロ ポジャンへ チュウセヨ
小包用に包装をしてください。

깨지기 쉬운 것이 아니지요?
ケジギ シィウン ゴシ アニジヨ
壊れ物ではありませんね。

항공편으로 부탁합니다.
ハンゴンピョヌロ ブッタカムニダ
航空便でお願いします。

며칠 정도 걸리죠?
ミョチル チョンド コッリジョ
何日くらいかかりますか。

약 1주일이네요.
ヤッ イルチュイリネヨ
約1週間ですね。

엽　서	ヨプソ	葉　書
편　지	ピョンジ	封　書
우　표	ウピョ	切　手
받는 사람	パッヌン　サラム	受取人
보내는 사람	ボネヌン　サラム	差出人
항공서간	ハンゴンソガン	航空書簡
속　달	ソッダル	速達
국제우편	クックチェウピョン	国際郵便

이 주변에 공중 전화는 この辺に公衆電話は
イ チュウビョネ コンジュン チョナヌン
있어요? ありますか。
イッソヨ

이 전화는 고장 났어요. この電話は壊れています。
イ チョナヌン コジャン ナッソヨ

자판기에서 아무것도 안 나와요. 自動販売機から何も出てきません。
チャパンキエソ アムゴット アン ナワヨ

근처에 화장실이 있어요? 近くにトイレはありますか。
クンチョエ ファジャンシリ イッソヨ

미안하지만, 화장실 すみません、トイレを
ミアナジマン、ファジャンシル
사용할 수 있습니까? 使わせてもらえますが。
サヨンハル ス イッスムニか

잠깐 물어 보겠습니다. ちょっとお聞きしたいのですが。
チャムカン ムロ ボゲッスムニダ

난타극장은 이 지도 어디에 있어요? ナンタ劇場はこの地図のどこにありますか。
ナンタ クッチャヌン イ チド オディエ イッソヨ

우리 있는 장소는 어디죠? 私たちがいる場所はどこですか。
ウリガ イッヌン チャンソヌン オディジョ

어느 방향이죠? どちらの方向ですか。
オヌ パンヒャンイジョ

여기서 멀어요? ここから遠いですか。
ヨギソ モロヨ

미안하지만, 천천히 말해주세요. すみませんが、ゆっくり言って下さい。
ミアナジマン、チョンチョニ マレ ヂュセヨ

다시 한번 말해 주시겠어요? もう一度言ってもらえますか。
ダシハンボン マレ ヂュシゲッソヨ

한국말을 조금 공부하고 있습니다. 韓国語を少し勉強しています。
ハングッマルル チョグム コンブハ イッスムニダ

한국말은 잘 모르겠습니다. 韓国語は良く分かりません。
ハングッマルン チャル モルゲッスムニダ

일본 사람이에요? 日本人です。
イルボンサラミエヨ

네, 저는 일본 사람입니다. はい、私は日本人です。
ネー、 チョヌン イルボンサラミムニダ

일본 어디서 오셨어요? 日本のどちらから来られましたか。
イルボン オディソ オショッソヨ

오사카에서 왔습니다. 大阪からきました。
オオサカエソ ワッスムニダ

놀러 오셨어요? 遊びに来られたのですか。
ノッロ オショッソヨ

네, 친구가 있어요. はい、友達がいます。
ネー、チングガ イッソヨ

서울은 어때요? ソウルはどうですか。
ソウルン オッテヨ

네, 서울이 마음에 들었어요. はい、ソウルが気に入りました。
ネー、ソウリ マウメ ドッロッソヨ

아주 재미있습니다. とても面白いです。
アジュ チェミイッスムニダ

언제 돌아가세요? いつ帰られますか。
オンジェ トラカセヨ

내일, 돌아갑니다. 明日、 帰ります。
ネイル、 トラカムニダ

그렇습니까? 또 놀러오세요. そうですか。また遊びに来てください。
クロッスムニか ト ノッロオセヨ

감사합니다, 또 오고 싶은데요. ありがとう、また来たいですね。
カムハサムニダ ト オゴ シップンデヨ

4. 사 고(事故)
サー コ

미안하지만, 좀 도와 주세요. ミアナジマン、 チョム トワ ヂュセヨ	すみませんが、ちょっと手伝ってください。
살려 주세요. サッリョ ヂュセヨ(かなり緊迫した状況)	助けてください。
사람 불러 주세요. サラム プッロ ヂュセヨ	人を呼んで下さい。
문제가 생겼어요. ムンジェガ センギョッソヨ	問題がおきました。
길 잃었어요.(미아가 됐어요.) キル イロッソヨ(ミアガ テッソヨ)	道に迷いました。(迷子になりました。)
제가 했어요? チェガ ヘッソヨ	私がしましたか。
어떻게 하지요? オットケ ハジヨ	どうしましょう。
어떻게 하셨어요? オットケ ハショッソヨ	どうしましたか。

몸이 아파요. モミ アパヨ	具合が悪いです。
(배가, 머리가, 이가, 심장이, (ベガ、 モリガ、 イガ、 シムジャンイ、	(お腹が、頭が、 歯が、 心臓が、
얼굴색이)아주 안 좋은데요. オルグルセギ)アジュ アン チョウンデヨ	顔色が)とても悪いですね。
어디 아프세요? オディ アプセヨ	どこか悪いのでしょうか。
괜찮습니까? ケンチャンスムニか	大丈夫ですか。
근처에 병원은 있습니까? グンチョエ ビョンウォヌン イッスムニカ	近くに病院はありますか。
병원으로 같이 가실까요? ビョンウォヌロ カチ カルカヨ	病院に一緒に行きましょうか。
네, 부탁합니다. ネー、 ブッタカムニダ	はい、お願いします。
아니요, 괜찮아요. アニヨ、 ケンチャンナヨ	いいえ、大丈夫です。
좀 쉬고 싶어요. チョム、 シィゴ シッポヨ	少し、 休みたいです。

소매치기다.
ソメチギダ
スリだ。

도둑이다.
トドゥギダ
泥棒だ。

그 사람 잡아요.
ク サラム チャバヨ
あの人を捕まえて。

지갑을 도둑맞았어요.
チガップル トドゥッマジャッソヨ
財布を盗まれました。

협박당해서 돈을
ヒョッパクタンヘソ トヌル
뺏겼어요.
ペッキョッソヨ
恐喝されてお金を
とられました。

여권을 잃었어요.
ヨコヌル イロッソヨ
旅券をなくしました。

교통사고가 났어요.
キョトンサゴガ ナッソヨ
交通事故が起きました。

불이야. 火事だ。

プリヤ

그러지 마. やめて。

グロジ マ

앰뷸런스./소방차. 救急車。/消防車。

エンブロンス/ソバンチャ

경찰은 어딥니까? 警察署はどこですか。

キョチャルソヌン オディムニカ

일본 대사관으로 전화해 주세요. 日本大使館に電話してください。

イルボン テサガヌロ チョナヘ ヂュセヨ

5. 신　고(届け出)

シン　ゴ

○届け出に必要な言葉

도　둑	トドゥッ	泥棒	얻어 맞았다.	オド マジャッタ	殴られた
소매치기	ソメチギ	スリ	경　찰	キョンチャル	警察
강　도	カンド	強盗	피해신고	ピヘシンゴ	被害届
좀도둑	チョムト ドゥッ	万引き	도난 증명서	トナン チュンミョン ソ	盗難証明書
공　갈	コンガル	恐喝	분실 증명시	ブンシル チュミョンソ	紛失証明書
사　기	サギ	詐欺	잃어버린 물건	イロポリン ムルコン	忘れ物
교통사고	キョトン サゴ	交通事故	일본 대사관	イルボン テサガン	日本大使館

일본어(영어) 할 수 있는　日本語(英語)できる

イルボノ(ヨンオ) ハル ス イッヌン

사람이 있습니까?　人いますか。

サラミ イッスムニカ

미안하지만, 지갑을 ミアンハジマン、 チガップル 잃어 버렸어요. イロ ボリョッソヨ	すみませんが、財布を なくしました。
분실물 센터는 어딥니까? ブンシルムル センタヌン オディムニカ	紛失物取扱所はどこですか。
백을 날치기당했어요. ベグル ナルチギ タンヘッソヨ	バッグをひったくられました。
어떤 백인데요? オットン ペギンデヨ	どんなバッグですか。
속에는 무엇이 들어 있어요? ソゲヌン ムオシ ドゥロ イッソヨ	中身は何が入っていましたか。
여권과 지갑이 들어 있습니다. ヨコンコァ チッガビ ドゥロ イッスムニダ	旅券と財布が入っています。
얼마나 들어 있습니까? オルマナ ドゥロ イッスムニカ	いくらぐらいありましたか。
6만 엔과 원이 약간, ユッマ ンエンクァ ウォニ ヤッカン、 또 크레디트 카드에요. ト クレディッ カドゥエヨ	6万円とウォンが少し、 あとクレジットカードです。

도난 증명서를
トナン チュンミョンソルル
만들 수 있습니까?
マンドゥル ス イッスムニカ

盗難証明書を
もらえますか。

이 서류에 기입해 주세요.
イ ソリュエ キイッペ チュセヨ

この書類に記入してください。

얼마나 시간이 걸려요?
オルマナ シガニ コッリョヨ

どのぐらい時間がかかりますか。

여기에 한국의 연락처를
ヨギエ ハングゲ ヨンラッチョルル
써 주세요.
ソヂュセヨ

ここに韓国での連絡先を
書いてください。

○ 병과 관련된 단어(病気と関係がある単語)

내 과	ネックァ	内科
외 과	ウェクァ	外科
치 과	チクァ	歯科
안 과	アンクァ	眼科
이비인후과	イビイヌゥクァ	耳鼻咽喉科
응급실	ウングッシル	救急室
산부인과	サンブインクァ	産婦人科
임신하고 있다	イムシナゴ イッダ	妊娠している
감 기	ガムギ	風邪
두 통	トゥトン	頭痛
현기증	ヒョンギチュン	めまい
열이 있다	ヨリ イッダ	熱がある
목이 아프다	モギ アプダ	喉の痛み
기 침	キッチム	咳
치 통	チットン	歯痛
충 치	チュンチ	虫歯
빈 혈	ピニョル	貧血
복 통	ポットン	腹痛
식중독	シッチュンドク	食中毒
맹장염	メンジャンヨム	盲腸炎
숙 취	スッチ	二日酔い
속이 미식거리다	ソギ ミシッコリダ	吐気
고혈압	コヒョラブ	高血圧
화 상	ファサン	やけど
뼈를 삐다	ピョルル ピダ	捻挫
골 절	コルジョル	骨折
여행자 보험(韓国では旅行者保険)	ヨヘンジャ ボホム	海外保険
의료 보험	ウィリョ ボホム	医療保険

부 록

1. 韓国の文字(ハングル)

「ハングル」とは、 韓国の文字のことです。 “한글”と2文字で書きます。初めの“한”を[ハン]、 次の“글”を[グル]と読みます。 もつと細かく分けると、 “한”は、 “ㅎ”、 “ㅏ”、 “ㄴ”の3つの要素、 すなわち、 子音の[h]と母音の[a]それに語末子音の[n]からなっており、 [han]。 “글”は、 [g]子音の“ㄱ”と母音[ɯ]にあたる“ㅡ”、 [l]にあたる語末子音“ㄹ”からなる文字で、 [gɯl]と発音されるのです。

한 ← ㅎ ＋ ㅏ ＋ ㄴ [h] ＋ [a] ＋ [n] → [han] ＝ [ハン]

글 ← ㄱ ＋ ㅡ ＋ ㄹ [g] ＋ [ɯ] ＋ [l] → [gɯl] ＝ [グル]

“한글”の“한”[ハン]は、 大きい、 偉大という意味で、 “글”[クル]は文字のこと。 語中で[グル]と濁って発音されます。 文字に対してことばは、 “말”[マール]と言い、 韓国語は“한국말”[ハングンマール]、 朝鮮語を“조선말”[チョソンマール]と言っていますが、 民族自身は、 親近感をもって“우리말”[ウリマール](私たちのことば)とも呼んでいます。

さて、 民族語としての[ハングンマール]、 [チョソンマール]は古くから使われてきたわけですが、 「ハングル」は比較的新しい文字で、 出来たのは15世紀に入ってからです。

1443年、 李王朝第4代目の王、 世宗「セージョン」によって制定され、1446年に「訓民正音」という名称で公布されました。

「民に教える正しい音」の意味のこの本の前文には、 「わが国のことばは中国語と異なっているので、 民衆は言いたいことをうまく書き表せないでいる者が多い。 たいへん残念である。 新たに文字を創り、 みんなに習わせ、 日常の用に役立たせるようにしたい」という意味の王のことばが書かれています。

「ハングル」は、 このように、 ①民衆のために創られた民族固有の文字である、 ほかに、 ②発音器官(口、 歯、 唇、 舌、 喉 など)をかたどって作られたユニークな字体をもつ独創的な文字である、 ③中国の漢字や、 日本の仮名と違って、 子音字と母音字とからなる音素文字である(当初は28文字であったが、 現在では、 基本になる10の母音と、 14の子音の合わせて24文字が使われている)、 ④民族の「マール」(ことば)は表記できるばかりか、 習いやすく書きやすい、 などの特徴をもっています。

ところで、 韓国語は、 語順や文法の特徴が日本語に非常に似ています。 (私は日本人です)は、 “나”(私) “는”(は) “일본사람”(日本人) “입니다”(です)を続けにて “나는 일본사람입니다”[ナヌンイルボンサーラミムニダ]と言います。

また、 (神田へ行く)ば、 “간다”(神田) “에”(へ) “간다”(行く)を続けて “간다에 간다”[カンダエカンダ](神田へ行った)は “갔다”(行った)を付けて “간다에 갔다”[カンダエカッタ]。 (神田へ行きます)は、 “갑니다”(行きます)を付けて、 “간다에 갑니다”[カンダエカムニダ]。 (神田へ行きました)は、 “갔습니다”(行きましだ)を付けて “간다에 갔습니다”[カンダエ カッスムニダ]となります。

日本語の語順とほとんど同じように言います。 このほか、 “てにをは”もあり、 目上の人に対する敬語もあります。

単語には、 韓国固有の単語と、 漢字からきた単語の2つがあって、 別々に使ったり、 混用したりしていますが、 漢字の読み方は、 1つの文字に1つの音しかないのと、 日本語の単語は同じ単語が多く、 音読みの発音が似ているので、 日本語で生活する人にとってはたいへん親しみやすいのです。

ただ、 日本語よりも母音の数が多いこと、 文字における清音と濁音の区別がないこと、 日本語にない「濃音」や「激音」の区別があること、 さらに子音で終わる単語[パッチム]があり、 それに母音で始まるほかの単語が続く場合には、 語末の子音が次の単語の語頭で発音されること、 子音同士が同化して別の音になって発音されることなど、 発音のしくみの異なる点もありますが、 これらは、 練習しだいで立派に通じるようになりますから、 心配ありません。

それでは、 文字と発音から見ることにしましょう。

韓国の文字は、 子音と母音の組み合わせによってできている。

1) 母　音

母音は、 縦棒と横棒とで表記される。 母音の数は、 10個の基本母音と、 これをもとにしてできた合成母音が11個、合わせて21個ある。

(1) 10個の基本母音

① 아[ア : a]
② 야[ヤ : ya]
③ 어[オ : ɔ]
④ 여[ヨ : yɔ]
⑤ 오[オ : o]
⑥ 요[ヨ : yo]
⑦ 우[ウ : u]
⑧ 유[ユ : yu]

⑨ **으**[ウ：ɯ]

⑩ **이**[イ：I]

(太字が母音字。 ㅇは無音子音で、 母音だけの発音)

<発声法>

① **아**：日本語の「ア」とほぼ同じ。 やや大きく口を開けると、 きれいに聞こえる。舌の先を上げないように。

② **야**：日本語の「ヤ」とほぼ同じ。 やや口を大きく開けると、 きれいに聞こえる。

③ **어**：「ア」と「オ」の中間的な感じで発音する。 口を縦に大きく開けて、 舌先を小し歯へ移して発音する。

④ **여**：「ヤ」と「ヨ」の中間的な感じで発音する。 口を縦に大きく開けて。

⑤ **오**：日本語の「オ」と同じだが、 唇を丸くして発音する。

⑥ **요**：日本語の「ヨ」と同じだが、 唇を丸くして発音する。

⑦ **우**：日本語の「ウ」に近い発音。 唇を丸くして発音する。

⑧ **유**：日本語の「ユ」に近い発音。 唇を丸くして発音する。

⑨ **으**：思いきり唇を左右にひいて「ウ」と発音する。

⑩ **이**：歯と歯をかみ合わせるぐらいせばめ、 唇を左右にひいて発音する。

<ポイント>

[オ]、[ヨ]、[ウ]は2つずつあるが、あとの方はそれぞれ唇を丸くすぼめて發音する。

[オ]： ㅓ [ɔ]・ㅗ [o]

[ヨ]： ㅕ [yɔ]・ㅛ [yo]

[ウ]： ㅡ [ɯ]・ㅜ [u]

(2) 合成母音(11個)

① **애**[エ：ɛ]

② **얘**[イェ：yɛ]

③ **에**[エ：e]

④ **예**[イェ：ye]

⑤ **와**[ワ：wa]

⑥ **왜**[ウェ：wɛ]

⑦ **외**[ウェ：we]

⑧ **워**[ウォ：wɔ]

⑨ **웨**[ウェ：we]

⑩ **위**[ウィ：wi]

⑪ **의**[ウィ：ɯi]

（○は、それぞれの子音が入る場所）

<ポイント>

- 2つの[エ]：③のㅔは日本語の「エ」とほとんど同じ発音。
  ①のㅐはこれよりもっと口を開けて発音する。
- 2本の横棒をもつ ② ㅒ、④ ㅖは、いずれも[イ]からスタートする音だが、終わるときの口の開き具合は、ㅒの方がㅖより広く開いた発音になる。
- ⑤ ㅘ[ワ]、⑥ ㅙ[ウェ]、⑦ ㅚ[ウェ]、⑧ ㅝ[ウォ]、⑨ ㅞ[ウ

ェ]、 ⑩ ㅟ[ウィ]は、 いずれもスタートのとき唇を丸くする。

• ⑪のㅢは唇を丸くしないで横にひいて発音する。 ⑩のㅟと同じにならないように注意。

• 本来、ㅚ[ウェ]とㅞ[ウェ]は異なる音だが、 現在ではほとんど同じように発音する。

<単　語>

1. 아이(アイ)[子供]
2. 여우(ヨウ)[狐]
3. 오이(オイ)[きゅうり]
4. 우유(ウユ)[牛乳]
5. 이유(イユ)[理由]
6. 애(エ)[子供]
7. 예의(イェーイ)[礼儀]
8. 왜(ウェ)[なぜ]
9. 위(ウィ)[上]
10. 의외(ウイウェ)[意外]

* [ ] は漢字語

陽母音	ㅏ, ㅗ, ㅐ, ㅚ
陰母音	ㅓ, ㅜ, ㅔ, ㅟ
中性母音	ㅣ, ㅡ

2) 子　音

子音は、 発音するときの口の内部のさまざまな器官の形をもとに作られている。

子音字は基本になる14個の子音に、 5個の濃音を合わせた19個で構成されている。

<14個の子音と濃音>

① ㄱ [k, g] ② ㄴ [n]

③ ㄷ [t, d] ④ ㄹ [r, l]

⑤ ㅁ [m] ⑥ ㅂ [p, b]

⑦ ㅅ [s, ʃ] ⑧ ㅇ [ŋ]

⑨ ㅈ [tʃ, ʤ] ⑩ ㅊ [$tʃ^h$]

⑪ ㅋ [k^h] ⑫ ㅌ [t^h]

⑬ ㅍ [p^h] ⑭ ㅎ [h]

<濃　音>

⑮ ㄲ [kk] ⑯ ㄸ [tt]

⑰ ㅃ [pp] ⑱ ㅆ [ss, ʃʃ]

⑲ ㅉ [ttʃ]

<発声法>

① ㄱ：日本語のカ行の発音とほぼ同じ。 語中では濁音(有声音)になる。 ただし鼻音ではない。 예 가구[ガグ][家具]

② ㄴ：日本語のナ行とほぼ同じ。 예 나라[ナラ](国)

③ ㄷ：日本語のタ行の発音とほぼ同じ。 語中では濁音になる。 예 다리[タリ](橋)、사다리[サダリ](はしご)

④ ㄹ：日本語のラ行とほぼ同じ。 ただし母音のあと(語末)に府くと[l]音になる。

예 소리[ソリ](音)、말[マル](馬)

⑤ ㅁ：日本語のマ行とほぼ同じ。 예 다시마 [ダシマ][昆布]

⑥ ㅂ：日本語のパ行とほぼ同じ。 語中では濁音になる。 예 부부[ブブ][夫婦]

⑦ ㅅ：日本語のサ行とほぼ同じ。 語中でも濁音になるらない。 예 수수 [スゥスゥ](もろこし)

⑧ ㅇ：母音字の前では音価がをく、母音のあとに付くと[ン・ŋ]とをる。 예 아이[アイ](子供)、강[カン](川)

⑨ ㅈ： 日本語のチャ行とほぼ同じ。語中では濁音になる. 예자리[ヂャリ](席)、기자(キヂャ)((記者))

⑩ ㅊ：“ㅈ”を息を強く出して発音する。 激音。 예 치마[チマ](スカート)

⑪ ㅋ：“ㄱ”を息を強く出して発音する。 激音。 예 코[コ](鼻)

⑫ ㅌ：“ㄷ”を息を強く出して発音する。 激音。 예 도토리[トトリ](どんぐり)

⑬ ㅍ：“ㅂ”を息を強く出して発音する。 激音。 예 파[パ](ねぎ)

⑭ ㅎ：日本語のハ行とほぼ同じ発音。 예 허리[ホリ](腰)

⑮ ㄲ：[カ]の前に「ッ」を付けたような発音。 息を吐き出さない。 濃音。 예 까치[ッカーチ](かささぎ)

⑯ ㄸ：[タ]の前に「ッ」を付けたような発音。 息を吐き出さない。 濃音。 예 또[ット](また、 ほかに)

⑰ ㅃ：[ハ]の前に「ッ」を付けたような発音。 息を吐き出さない。 濃音。 예 오빠[オッバ](兄/妹がいう)

⑱ ㅆ：[サ]の前に「ッ」を付けたような発音。 息を吐き出さない。 濃音。 예 싸다[ッサダ](安い)、 아가씨[アガッシ](お嬢さん)

⑲ ㅉ：[チャ]の前に「ッ」を付けたような発音。 息を吐き出さない。 濃音。 예 짜다[ッチャダ](塩辛い)

〈ポイント(初声の場合)〉

平音：ㄱ, ㄷ, ㅂ, ㅅ, ㅈ（語頭では無声音。 ㅅ以外、語中では有聲音）

激音：ㅋ, ㅌ, ㅍ, ㅊ（語頭、語中による發音の變化なし）

濃音：ㄲ, ㄸ, ㅃ, ㅆ, ㅉ（語頭、語中による發音の變化なし）

<単　音>

1. 구두(靴) クゥドゥ
2. 나무(木) ナム
3. 자리(席) チャリ
4. 시계[時計] シゲ
5. 회사[会社] フェーサ
6. 꼬리(尾) コリ
7. 뿌리(根) ッリ
8. 코끼리(象) コッキリ
9. 찌개(鍋物) ヂゲ
10. 보따리(包み) ボッタリ

反切表

ㄱ [k, g]	가	갸	거	겨	고	교	구	규	그	기
ㄴ [n]	나	냐	너	녀	노	뇨	누	뉴	느	니
ㄷ [t, d]	다	댜	더	뎌	도	됴	두	듀	드	디
ㄹ [r, l]	라	랴	러	려	로	료	루	류	르	리
ㅁ [m]	마	먀	머	며	모	묘	무	뮤	므	미
ㅂ [p, b]	바	뱌	버	벼	보	뵤	부	뷰	브	비
ㅅ [s, ʃ]	사	샤	서	셔	소	쇼	수	슈	스	시
ㅇ [ɳ]	아	야	어	여	오	요	우	유	으	이
ㅈ [tʃ, ʤ]	자	쟈	저	져	조	죠	주	쥬	즈	지
ㅊ [tʃ^h]	차	챠	처	쳐	초	쵸	추	츄	츠	치
ㅋ [k^h]	카	캬	커	켜	코	쿄	쿠	큐	크	키
ㅌ [t^h]	타	탸	터	텨	토	툐	투	튜	트	티
ㅍ [p^h]	파	퍄	퍼	펴	포	표	푸	퓨	프	피
ㅎ [h]	하	햐	허	혀	호	효	후	휴	흐	히
ㄲ [kk]	까	꺄	꺼	껴	꼬	꾜	꾸	뀨	끄	끼
ㄸ [tt]	따	땨	떠	뗘	또	뚀	뚜	뜌	뜨	띠
ㅃ [pp]	빠	뺘	뻐	뼈	뽀	뾰	뿌	쀼	쁘	삐
ㅆ [ss, ʃʃ]	싸	쌰	써	쎠	쏘	쑈	쑤	쓔	쓰	씨
ㅉ [ttʃ]	짜	쨔	쩌	쪄	쪼	쬬	쭈	쮸	쯔	찌

2. 韓国語の特徴

少しでも韓国語の勉強をした経験のある方には、 韓国語と日本語が同様に、 アルタイ語系であろうと言われている所以が理解できるのではないだろうか。 両語は瓦いに多くの共通点を持ち合わせているので、 対比させながら列挙すると、

1) 文章の語順である。

[齲] 취가 고양이에게 잡혔다.

ねずみが、 猫に捕まった。

2) 用言(動詞・形容詞)の語尾の活用である。 但し、 韓国語には形容動詞はない。

動詞の基本活用表

基本形(終止形)	語幹	語尾					
		未然形	否定形	連用形	連体形	仮定形	命令形
쓰다	쓰	자	지 않는다	ㅂ니다	ㄹ/는	면	어라
使う	使	使おう	使わない	使います	使う	使えば	使え

3) 助詞「て、 に、 を、 は」の存在である。

これらの共通点は、 韓国語を学ぶ日本人にとって、 大きなプラス要因になると思われる、 しかし、 韓国語と日本語の文法上の違いがないわけではない。 引用すると,

① 韓国語には冠詞はないが、日本語の連體形に似た冠形詞がある。

② 助詞の種類は非常に多い。

③ 動詞は活用語尾が非常に複雑で発達している。

④ 形容詞は動詞に似ている。

⑤ 韓国語には接続詞がない。

⑥ 韓国語には前置詞がない。

⑦ 韓国語には形容動詞がない。

※韓国語を理解する上で、動詞・形容詞の活用、及び時制の變化はとくに重要である。

⑧ 韓国語は、

• 子音 { 14字<ㄱ, ㄴ, ㄷ, ㄹ, ㅁ, ㅂ, ㅅ, ㅇ, ㅈ, ㅊ, ㅋ, ㅌ, ㅍ, ㅎ>
5字(二重子音)<ㄲ, ㄸ, ㅃ, ㅆ, ㅉ>

• 母音 { 10字<ㅏ, ㅑ, ㅓ, ㅕ, ㅗ, ㅛ, ㅜ, ㅠ, ㅡ, ㅣ>
11字(二重母音)<ㅐ, ㅒ, ㅔ, ㅖ, ㅘ, ㅚ, ㅙ, ㅝ, ㅞ, ㅟ, ㅢ>

• 日本語では、ㅓ、ㅕ、ㅡは発音できない。→ 어머니(オモニ)

• 日本語には 받침(パッチム)がない。

※ 韓国語には 받침(パッチム) がある。→ 서울(ソウル)

• 韓国語は子音と母音の組み合せである。

방(部屋) [子音] + [母音]

+

[子音]

⑨ 韓国語の漢字音は日本語と似ている。

※ 漢字一字はハングルでも一字である。

意味(의미)、国家(국가)

韓国(한국)、日本(일본)

ここで、 文法からハングル文字に話を転じてみよう。 そもそもハングル文字が誕生したのは、 今を遡ること 550年前の1446年である。 当時の世宗大王が若手の学者の協力を得て、 王自ら創案されたと伝えられ、「訓民正音」の名の下に、「民に教える正しい文字」としての充分な動機のもとに制定されている。 このハングル文字は、障子の骨組みの紋様を起源にしていると言われているが、 諸説がある。 また、 この文字は音素文字と言われ、 1文字が1単音を示す。 たとえば、 “ハングル”は“한글”と書き、 “ハン”と“グル”は、 それぞれ、 子音＋母音+子音、 あるいは、 “行く”の場合は“가다”で、 それぞれ、 子音＋母音の組合せになる。

日本語の仮名の場合は、 ア行が母音だけである以外は、 全て子音＋母音の組合せである。 従って、 ハングル文字に見るような、 子音＋母音＋子音の組合せの形はない。 すなわち、 韓国語の “하나(一つ)” “둘(二つ)” “셋(三つ)”のように子音で終る言葉はない。

発音は日本人が最も苦労を強いられるところである。 まず、母音については、日本語の「あいうえお」に5字加えて基本母音が合計10字、更に二重母音を加えると合計21字ある。子音については、基本子音14字、 二重子音5字の合計19字である。 50音で成り立っている日本語に比べると、韓國語は基本の母音と子音の組合せだけでも 140字と約3培であるから、口が モゴモゴするのは仕方のないことかもしれないが、ハングルの原理は科學的に出来ている。すなわち、子音の“ㄱ”“ㄴ”“ㅁ”“ㅅ”“ㅇ”は、見たとおり、舌や唇や歯や咽喉の形をあらわしている。

3. 名詞(代名詞, 数詞)

名詞には、 固有語の名詞と漢字語の名詞との2種類がある。 たとえば、「椅子」は漢字をそのまま音読みして“의자”[ウィジャ]と言うが、 ほかに固有語で“걸상”[コルサン]とも 言う。 このように、 単語によっては漢字語と固有語の2つを持つものもあり、 漢字語で言うか、 固有語で言うのかは、 使う人の気持ちによって違ってくる。

ただ、“의자”は語末が母音で終わっており、“걸상”は子音で終わっている。 このことは、 ことばの発音上、 大事な要素であることを心にとめておきたい。

A：語末が母音の単語	B：語末が子音の単語
1. 할아버지(おじいさん) ハラボジ	형(兄) ヒョン
2. 할머니(おばあさん) ハルモニ	동생(弟妹) トンセン
3. 아버지(父) アボジ	사람(人) サーラム
4. 어머니(母) オモニ	남편(男便) 夫 ナンピョン
5. 아저씨(おじさん) アジョシ	아들(息子) アドゥル
6. 아주머니(おばさん) アジュモニ	딸(娘) タル
7. 오빠(兄/妹が言う) オッパ	밥(ごはん) パプ
8. 언니(姉さん/妹が言う) オンニ	국(スープ) クク

9. 나(僕・私)　ナ
10. 너(君・お前)　ノ
11. 우리(我々)　ウリ
12. 형제[兄弟]　ヒョンジェ
13. 치마(スカート)　チマ
14. 저고리(チョゴリ)　チョゴリ
15. 배(梨・舟)　ペ
16. 사과(りんご)　サグァ
17. 딸기(いちご)　タルギ
18. 감자(じゃがいも)　ガンジャ
19. 여기(ここ)　ヨキ
20. 거기(そこ)　チキ
21. 저기(あそと)　ナョキ
22. 어디(どこ)　オディ
23. 누구(誰)　ヌグ
24. 얼마(いくら)　オルマ
25. 편지[便紙] 手紙　ピョンジ
26. 잡지[雜紙]　ヂャブヂ
27. 한자[漢字]　ハンチャ
28. 역사[歴史]　ヨクサ

술(酒)　スル
아침(朝, 朝ごはん)　アチム
점심(昼・ごはん)　ナョムシム
저녁(夕方, 晩ごはん)　ヂョニョク
당신(あをた)　タンシン
선생님[先生]　ソンセンニム
집(家)　チッブ
방[房] (部屋)　パン
화장실 [化粧室]　ファジャンシル
옷(衣類)　オッ
이것(これ)　イゴッ
그것(それ)　クゴッ
저것(あれ)　チョゴッ
무엇(何)　ムオッ
한글(ハングル)　ハングル
연필[鉛筆]　ヨンピル
신문(新聞)　シンムン
수첩(手帳)　スチョフ
책[冊] 本　チェク
사전 [辞典]　サジョン

29. 문화[文化] (ムナ)　학생[学生] (ハクセン)
30. 연구[研究] (ヨーング)　회사원[会社員] (フェーサウォン)
31. 바다[海] (パダ)　산[山] (サン)
32. 교외[郊外] (キョウェ)　뜰 (庭) (トウル)
33. 학교(学校) (ハッキョ)　온천 [温泉] (オンチョン)
34. 고기(肉) (コギ)　이쪽(こちら) (イヂョク)
35. 우유(牛乳) (ウユ)　그쪽(そちら) (クヂョク)
36. 야채[野菜] (ヤーチェ)　저쪽(あちら) (チョヂョク)
37. 열차[列車] (ヨルチャ)　지하철[地下鐵] (チハチョル)
38. 자동차[自動車] (チャドンチャ)　항공편[航空便] (ハンゴンピョン)
39. 버스(バス) (ポス)　우편[郵便] (ウピョン)
40. 자전거[自転車] (チャジョンゴ)　칼(ナイフ) (カル)
41. 비행기[飛行機] (ピヘンギ)　물(水) (ムル)
42. 가위(はさみ) (カーウィ)　꽃(花) (ゴッ)
43. 종이(紙) (チョンイ)　방송[放送] (パンソン)
44. 나무(木) (ナム)　서울(ソウル) (ソウル)
45. 대구[大邱] (テグ)　부산[釜山] (プサン)
46. 부여[扶余] (プヨ)　동대문[東大門] (トンデムン)
47. 김포[金浦] (キムポ)　남대문[南大門] (ナムデムン)
48. 하나(ひとつ) (ハナ)　둘(二つ) (トウル)

49. 사[四]（サー）　　아홉(九つ)（アホプ）

50. 오[五]（オー）　　열(十)（ヨール）

漢数詞(年月日, 分・秒, お金の計算など)

1 — 일(イル)
2 — 이(イー)
3 — 삼(サム)
4 — 사(サー)
5 — 오(オー)
6 — 육(ユク)
7 — 칠(チル)
8 — 팔(パル)
9 — 구(ク)
10 — 십(シプ)
20 — 이십(イーシプ)
30 — 삼십(サムシプ)
40 — 사십(サーシプ)
50 — 오십(オーシプ)
百 — 백(ペク)
千 — 천(チョン)
万 — 만(マン)
千万 — 천만(チョンマン)
億 — 억(オク)
兆 — 조(チヨ)

• 月日

1月 — 일월(イロル)
2月 — 이월(イーウオル)
3月 — 삼월(サモル)
4月 — 사월(サーウオル)
5月 — 오월(オーウオル)
6月 — 유월(ユーウオル)
7月 — 칠월(チロル)
8月 — 팔월(パロル)
9月 — 구월(クウオル)
10月 — 시월(シーウオル)
11月　십일월(シビロル)
12月　십이월(シビーウオル)

1日 — 일일(イリル)
2日 — 이일(イーイル)

3日 — 삼일(サミル)
4日 — 사일(サーイル)
5日 — 오일(オーイル)
6日 — 육일(コギル)
7日 — 칠일(チリル)
8日 — 팔일(パリル)
9日 — 구일(クイル)
10日 — 십일(シビル)
11日 — 십일일(シビリル)
12日 — 십이일(シビーイル)
13日 — 십삼일(シプサミル)
14日 — 십사일(シプサーイル)
15日 — 십오일(シボーイル)
16日 — 십육일(シムニユギル)
17日 — 십칠일(シプチリル)
18日 — 십팔일(シプパリル)
19日 — 십구일(シプクイル)
20日 — 이십일(イーシビル)
21日 — 이십일일(イーシビリル)
22日 — 이십이일(イーシビーイル)
23日 — 이십삼일(イーシプサミル)
24日 — 이십사일(イーシプサーイル)
25日 — 이십오일(イーシボーイル)
26日 — 이십육일(イーシムニュギル)
27日 — 이십칠일(イーシプチリル)
28日 — 이십팔일(イーシプパリル)
29日 — 이십구일(イーシプクイル)
30日 — 삼십일(サムシビル)

• 分

1分 — 일분(イルブン)
5分 — 오분(オーブン)
10分 — 십분(シッブン)
30分 — 삼십분(サムシップン)
40分 — 사십오분(サーシボープン)

• 秒

1秒 — 일초(イルチヨ)
10秒 — 십초(シプチヨ)
30秒 — 삼십초(サムシプチヨ)
60秒 — 육십초(ユクシプチヨ)

90秒 — 구십초(クシプチヨ)

• 週など

1週間 — 일주일(イルチュイル)
2週間 — 이주일(イーヂュイル)
3週間 — 삼주일(サムヂュイル)
1か月 — 한달(ハンダル)

固有数詞(個数, 匹, 人, 時間など)

1つ — 하나(ハナ)
2つ — 둘(トゥル)
3つ — 셋 (セッ)
4つ — 넷(ネッ)
5つ — 다섯(タソッ)
6つ — 여섯(ヨソッ)
7つ — 일곱(イルブプ)
8つ — 여덟(ヨドル)
9つ — 아홉(アホプ)
10つ — 열(ヨル)

• 単位名を伴う場合

1人 — 한사람(ハンサーラム)
2人 — 두사람(トゥーサーラム)
3人 — 세사람(セーサーラム)
4人 — 네사람(ネーサーラム)

1個 — 한개(ハンゲ)
2個 — 두개(トウーゲ)
3個 — 세개(セーゲ)
10個 — 열개(ヨルケ)

1本 — 한병(ハンビョン)
2本 — 두병(トウービョン)
3本 — 세병(セービョン)
10本 — 열병(ヨルピョン)

・時間

1時 — 한시(ハソシ)
2時 — 두시(トウーシ)
3時 — 세시(セーシ)
4時 — 네시(ネーシ)
5時 — 다섯시(タソツシ)
6時 — 여섯시(ヨソッシ)
7時 — 일곱시(イルゴプシ)
8時 — 여덟시(ヨドルシ)
9時 — 아홉시(アホプシ)
10時 — 열시(ヨルシ)
11時 — 열한시(ヨランシ)
12時 — 열두시(ヨルトウーシ)
午前10時半 — 오전 열시 반(オーヂョンヨルシパン)
午後6時20分 — 오후 여섯시 이십분(オーフ ヨソッシ イーシップン)

曜日・日など

曜日 — 요일(ヨイル)
月曜日 — 월요일(ウォリョイル)
火曜日 — 화요일(ファョイル)
水曜日 — 수요일(スヨイル)
木曜日 — 목요일(モギョイル)
金曜日 — 금요일(クミョイル)
土曜日 — 토요일(トヨイル)
日曜日 — 일요일(イリョイル)

今週 — 이번주(イボンチュ)
来週 — 다음주(タウムチュ)
先週 — 지난주(チナンヂュ)
毎日 — 매일(メイル)
一昨日 — 그저께(クヂョッケ)
昨日 — 어제(オヂェ)
今日 — 오늘(オヌル)
明日 — 내일(ネイル)
あさって — 모레(モレ)

朝 — 아침(アチム)
午前 — 오전(オーヂョン)
午後 — 오후(オーフ)
午後に — 오후에(オーフエ)

夕方 — 저녁(チョニョク)　　夕方に — 저녁에(チョニョゲ)
夜 — 밤(パム)　　夜に — 밤에(パメ)

いま — 지금(チグム)　　すぐ — 곧(ユッ)
あとで — 나중에(ナヂュンエ)

春 — 봄(ポム)　　夏 — 여름(ヨルム)
秋 — 가을(カウル)　　冬 — 겨울(キョウル)

家族

私 — 저(チョ)　　私は — 저는(チョヌン)
私が — 제가(チェガ)　　ぼく — 나(ナ)
私たち — 우리들(ウリドウル)　　我々 — 우리(ウリ)
私に — 저한테(チョハンテ)　　私も — 저도(チョド)
私と — 저하고(チョハゴ)　　私を — 저를(チョルル)

あなた — 당신(タンシン)
あなたは — 당신은(タンシヌン)
あなたが — 당신이(タンシニ)
あなたに — 당신한테(タンシンハンテ)
あなたも — 당신도(タンシンド)
あなたと — 당신하고(タンシンハゴ)
あなたを — 당신을(タンシヌル)
父 — 아버지(アボヂ)　　母 — 어머니(オモニ)
両親 — 부모(プモ)　　兄 — 형(ヒョン)

兄 — 오빠(オッパ)
姉 — 언니(オンニ)
妹 — 여동생(ヨドンセン)
妻 — 집사람(チプサーラム)
娘 — 딸(タル)
姉 — 누나(ヌナ)
弟 — 동생(トンセン)
夫 — 남편(ナムピョン)
息子 — 아들(アドゥル)

シヨツビング

商店 — 가게(カーゲ)
民芸品店 — 민예품점(ミニェプムチョム)
免税店 — 면세점(ミョンセチョム)
免税品 — 면세품(ミョンセプム)
客 — 손님(ソンニム)
店員 — 점원(チョムォン)
絹織物 — 견직물(キョンヂンムル)
ネクタイ — 넥타이(ネクタイ)
宝石 — 보석(ポーソク)
洋服 — 양복(ヤンボク)
皮 — 가죽(カヂュク)
煙水晶 — 연수정(ヨンスヂョン)
紫水晶 — 자수정(チャスヂョン)
壁掛け — 벽걸이(ピョッユリ)
白磁 — 백자(ペックチャ)
青磁 — 청자(チョンヂャ)
くつ — 구두(クドゥ)
タバユ — 담배(タンベ)

4. 韓国の主な地名・都市名

❶ ンウルー서울(ンウル) ❷ 仁川ー인천(インチョン)
❸ 水原ー수원(スウォン) ❹ 利川ー이천(イチョン)
❺ 丹陽ー단양(タニャン) ❻ 春川ー춘천(チュンチョン)
❼ 原州ー원주(ウォンヂュ) ❽ 雪岳山ー설악산(ソラクサン)
❾ 東草ー속초(ソクチョ) ❿ 江陵ー강릉(カンヌン)
⓫ 天安ー천안(チョナン) ⓬ 温陽ー온양(オニャン)
⓭ 大田ー대전(テヂョン) ⓮ 公州ー공주(ユンデュ)
⓯ 扶余ー부여(プヨ) ⓰ 俗離山ー속리산(ソンニサン)
⓱ 清州ー청주(チョンヂュ) ⓲ 忠州ー충주(チュンヂュ)
⓳ 全州ー전주(チョンヂュ) ⓴ 安東ー안동(アンドン)
㉑ 儒城ー유성(ユソン) ㉒ 浦項ー포항(ポハン)
㉓ 慶州ー경주(キョンヂュ) ㉔ 大邱ー대구(テグ)
㉕ 密陽ー밀양(ミリャン) ㉖ 蔚山ー울산(ウルサン)
㉗ 金泉ー김천(キムチョン) ㉘ 光州ー광주(クヮンヂュ)
㉙ 木浦ー목포(モヮポ) ㉚ 益山ー익산(イヮサン)
㉛ 晋州ー진주(チンヂュ) ㉜ 馬山ー마산(マサン)
㉝ 釜山ー부산(プサン) ㉞ 海雲台ー해운대(ヘウンデ)
㉟ 忠武ー충무(チュンム) ㊱ 鎮海ー진해(チネ)
㊲ 麗水ー여수(ヨス) ㊳ 済州ー제주(チェヂュ)
㊴ 中文ー중문(チュンムン) ㊵ 西帰浦ー서귀포(ソグィポ)

5. 韓国の祝祭日

韓国には、 年間で14日の祝日があります。 交通が混雑したり、 店が休みになる場合もありますから、 あらかじめ知っておくとよいでしょう。

- 1月 1日/新正月　1日～3日まではほとんどの店が休業になる。
- 1月 1日(陰暦) / 民俗の日　旧歴の正月。
- 3月 1日 / 三・一節　日本からの独立記念日。
- 4月 5日 / 植木日　国土緑化のために定めに日。 この日に墓参りをする人も多い。
- 4月 8日(陰暦) / 仏誕祭　釈迦誕辰日。 各寺の周辺で行われる提灯行列が見もの。
- 5月 5日 / 子どもの日
- 6月 6日 / 顕忠日　国土防衛に命を捧げた人をまつる日。
- 7月 17日 / 制憲節　憲法の公布を記念する日。
- 8月 15日 / 光复節　1945年の日本からの解放記念日。
- 8월 15日(陰暦) / 秋夕(チュソク)　韓国の名節。 日本の秋分の日と同じように祖先を敬い墓参りをしたり、 月見をしたりする。 地方の交通機関は、 この前後に混雑する。
- 10月 1日 / 国軍の日　国軍創設を記念する日。
- 10月 3日 / 開天節　憲国記念日のこと。
- 10月 9日 / ハングルの日　ハングル誕生を記念する日。
- 12月 25日 / 聖誕節　クリスマス

6. 韓国人の姓名

韓国の人は祖先なとても尊いものとして大切にします。 だれでも、 必ず自分の家の「本貫(ボングワン)(祖先の元の起こりの地)」を知っていて、 家には祖先伝来まで遡ることのできる 「族譜(系譜)」があります。

韓国では、 同じ姓の人同士が初めて会うと、 必ず「本貫は?」と尋ねます。 その本貫が同じであれば祖先が同じ、 つまり親せきということになるのです。 同じ姓て本貫をもつ男女は結婚できません。

また、 結婚しても女性の姓は変わりませんし、 相手の族譜にも記入されません。

韓国の人の姓はほとんどが1字です。 約300ぐらいある姓の中から主をものをあげてみましょう。

金＝김(キム)	崔＝최(チェ)	韓＝한(ハン)
林＝임(イム)	李＝이(イー)	安＝안(アン)
姜＝강(カン)	呉＝오(オー)	朴＝박(パク)
趙＝조(チョー)	尹＝윤(ユン)	張＝장(チャン)

7. 韓国人のマナー 風習、 習慣

• 食事

① 韓国料理は人数分が1つの皿に盛りつけて出されゐ。 取り皿や取り箸はないので、 それぞれが自分の箸やスプーンで突つき合って食べるのが一般的。 料理は残してもかまわない。

② 酒を注ぐときは、 石手でビンを持ち、 左手は石わきに、 石腕に当てるようにそえる(左手を石腕のひじの下にそえてもよい)。 受けるときは両手で盃かコップをささげゐように持つ。

③ 年の若い者が年上の人に酒をすすめゐのは失礼にあたゐ。 年上の人に酒を注がれた場合は、 その酒を飲み干したあと、 返盃として酒をすすめゐのがマナー。

• タバコ

儒教の習わしの強い韓国では、 以前は年上の人の前で堂々とタバコを吸うことはできなかった。 今はそれほど厳しくはないようだが、 やはり吸う前にひと言断るか、 年上の人が吸い出してからにしたほうが無難。 また、 煙を相手に吐きかけるような無礼なふるまいは慎むこと。

8. 韓国料理 メニュー

• 肉料理

불고기(プルコギ) — 焼肉。 焼きすぎないことがうまさの秘訣。

갈비(カルビ) — あばら骨に付いた肉を骨付きのまま焼いたもの。

갈비찜(カルビチム) — カルビと野菜をしょうゆ味でゆっくり煮たもの。

육회(ユッケ) — 牛肉の刺身。 卵黄を混ぜ合わせて食べる。

소고기산적(ソコギサソチョ) — 牛肉とネギをくしに刺した韓国風シシカバブ。

(肉の毒を消すという意味から、 肉料理後に梨を食べる)

• スープ

곰탕(コムタン) — 牛の臓物を煮こんだ塩味のスープ。

대구탕(テグタン) — たらのぶつ切りと野菜を煮こんだもの。

된장찌개(テンソヤンチゲ) — 韓国風みそ鍋に野菜を入れて煮こんだもの。

생선찌개(センソンチゲ) — 魚を入れて煮こんだ鍋物。

곱창전골(コプチヤンチヨンゴル) — モツの鍋物。 やや辛い。

육개장(ユツケヅヤン) — 細切り牛肉と野菜が入つた辛いスープ。

떡국(トツワヮ) — 牛スープにうるち米のおもちを入れたもの。

순두부(スンドゥブ) — 柔らかい豆腐をスープで煮こんだもの。

(好みによつてスープに飯を入れ、 雑炊風に食べる)

• 飯物

サムゲタン
삼계탕 — ひな鳥の腹にもち米、 朝鮮人蔘、なつめなどを語め、 丸ごと煮たもの。

ピビムパブ
비빔밥 — 飯の上にナムル(味付けしたほうれん草、 大豆もやしなど)や肉をのせ、 ゴマ油をかけたもの。

ワツパブ
국밥 — 肉、 魚、 野菜でとったスープに飯やいろいろな具を入れたもの。

チョボクチュク
전복죽 — あわびの入った卵がゆ、塩とゴマ油は好みで。

• めん

ネンミョン
냉면 — 冷めん。 牛肉汁に浸したもの、 汁なしのものがある。

オンミョン
온면 — 温めん。 熱い牛肉汁にめんを浸したもの。

カルクワス
칼국수 — とりスープの中にきしめんと野菜を入れたもの。

チャヂャンミョン
짜장면 — ジヤージヤーめん。 肉と玉ねぎを中華風みそ味で煮つけ、手打ちめんの上にかけて食べるもっともポピュラーなもの。日本人がラーメンを食べるようによく食べる。

• その他 料理

チョン
전 — 白身魚、 カキ、 かぼちゃ、 ミンチなど薄く切つた具を卵をつけて焼いたオードブル。

ピンデトツク
빈대떡 — 緑豆の粉をベースに豚肉、 ねぎ、 キムチなどを入れた韓国版お好み焼き。

パヂョン
파전 — ピンデトクの上にわけぎをのせて焼いたもの。

クヂョルパン
구절판 — 代表的な宮廷料理。

나물(ナムル) ── 野菜の総称。 大豆もやし、 ぜんまい、 トラジ(ききょうの根)、
ほうれん草などをゆがいて味付けしたもの。

게장(ケジャン) ── かにのしょうゆみそ漬け。

• ドリンク・アルコール メニュー

커피	コピー	コーヒー
냉커피	ネンコビー	アイスコーヒー
홍차	ホンチャ	紅茶
아이스티	アイスティ	アイスティー
쥬스	テュース	ジュース
콜라	コルラ	コーラ
사이다	サイダ	サイダー
밀크	ミルク	ミルク
설탕	ソルタン	砂糖
인삼차	インサムチャ	にんじん茶
생강차	センカッチャ	しょうが茶
보리차	ボリチャ	麦茶
쌍화차	サンファチャ	漢方茶
율무차	ユルムチャ	はと麦茶
수정과	スヂョンタァ	ニッキなどを煮て冷やしたデザート
맥주	メクデュ	ビール
소주	ソデュ	焼酒
정종	チョンヂョン	精酒(日本酒)
위스키	ウィスキー	ウイスキー
막걸리	マッコルリ	どぶろくのようなもの
약주	ヤクチュ	薬酒

9. 朝鮮民謡

アリラソ
아리랑

아리랑 아리랑 아라리요
アリラソ　アリラソ　アラリヨ

아리랑 고개를 넘어간다
アリラソ ユゲルル ノモガソダ

나-를 버리고 가시는 님은
ナールル　ボリゴ　カシヌソ　ニムソ

십리도 못 가서 발병난다
シムニド　モ[ッ]カソ　バルビョソナソダ

アリラン - 朝鮮民謡

アリラソ アリラソ アラリヨ
アリラソ峠を越えていく
私を捨てていく君は
一里も行けずに、 足が痛む

※ 朝鮮の10里は日本の1里にほぼ相当する。

10. 韓国歌謡

トラワヨ フサンハンエ チャクサ チャクユク ファン ソヌ
돌아와요 부산항에 작사 작곡 황선우

꽃피는 동백섬에 봄이 왔건만
コンビヌン トンベワソメ ボミ ワンコンマン

형제 떠난 부산항에 갈매기만 슬피우네
ヒョンゾェトナン フサンハンエ カルノボマン スルビウネ

오륙도 돌아가는 연락선마다
オリュクト トラガヌン ヨルラクソンマタ

목메여 불러봐도 대답없는 내 형제여
モンメヨ フルロエマド テダボムヌン ネヒョソジェヨ

돌아와요 부산항에 그리운 내 형제여
トラワヨ フサンハンエ クリヴン ネヒョンェヨ

가고파 목이 메여 부르던 이 거리는
カゴバ モギメヨ フルドン イゴリヌン

그리워서 헤매이던 긴긴날의 꿈이였지
クリヴォソ ヘメイドン キソギンナレ クミヨヮチ

언제나 말이 없는 저 물결들도
オソジェナ　マリオムスン　　チョムルキョルドクルド

부딪쳐 슬퍼하며 가는 길을 막았었지
フテムソチョ　スルポハミョ　カヌンキルル　マガンソンテ

돌아왔다 부산항에 그리운 내 형제여
トラワマダ　フサンハンエ　クリヴン　ネヒョンェヨ

歸れ釜山港へ － 作詞・作曲 黃善雨

花咲く椿の島に、 春が訪れたのだが，
兄弟が別れた釜山港に、 かもめだけがすすりなく
五六島に帰って行く連絡船ごとに
のどをからして叫んでみても、 返事のないわが兄弟よ
帰っておいでよ、 釜山港へ、 なつかしいわが兄弟よ

行きたいと、 のどをからして叫んだ、 この街（みち）は、
変しくてさまよった、 長い長い日の夢だったのだ、
いつもことばのない、 あの水しぶきも
ぶっかって嘆きながら、 ゆく道をふさいだのだ
帰っておいでよ、 釜山港へ、 なつかしいわが兄弟よ

▭ 著者略歴 ▭

■ 金慶淑(キム ケイ シュク)

• 学 歴

ソウル女子師範大學 卒業
ソウル慶熙大學 大學院 經營學 碩士
日本 東京學藝大學 大學院 教育學碩士
大邱大学 大學院 經營學博士

• 職 歴

日本 日本東京外國語專門學校 韓國語科 講師
日本 東京學藝大學 韓國語科 講師
韓國 永進專門大學 観光通譯科 講師
韓國 東州大學 觀光通譯科 講師
韓國 東釜山大學 國際觀光科 教授
日本 別府大學 地域綜合科學科 教授

가나한글(Ⅰ)-한글입문-

2판 5쇄 발행　　2012년 1월 15일

저 자 김 경 숙
발행인 남 승 우

발행처 **남두도서**

서울시 동작구 사당로9가길 6(사당동 220-43)
TEL : (02) 595-1692~4
FAX : (02) 595-1394
E-mail : namdoo6@unitel.co.kr
신고 : 5-76호 (1998. 11. 4)

정가 15,000 원

ISBN 89-88605-92-6　14710
ISBN 89-88605-91-8　(세트)